buzinaí naïf

Tavinho Paes

buzinaí naïf

João Pessoa – Rio de Janeiro
abril-maio 2008

Ibis Libris
Rio de Janeiro
2008

Copyright © 2008 Tavinho Paes

Editores: Thereza Christina Rocque da Motta e João José de Melo Franco

Fotos da capa e do miolo: Nathalie Bernier
(do work in progress Faces: Carnival Masquerade)

1ª edição em novembro de 2008.

Paes, Tavinho, 1955–
Buzinaí Naïf / Tavinho Paes. Rio de Janeiro: Ibis Libris, 2008.
80 p., 21 cm.

ISBN 978-85-7823-018-0

Impresso no Brasil.
2008

E-mail do autor: tavinhopaes@gmail.com

Todos os direitos reservados.

Ibis Libris
Rua Almirante Alexandrino, 2746-A
Santa Teresa | 20241-263 Rio de Janeiro | RJ
Tel. |21| 2556-0253

www.ibislibris.com.br
ibislibris@ibislibris.com.br

Associada à LIBRE.
www.libre.org.br

info

[20h15min - 30 de abril de 2008]
chegada ao evento Poemática, organizado por Bia Tavares, na UFF, Campus do Gragoatá, Niterói; para apresentação com o grupo Voluntários da Pátria (Tico Santa Cruz, Betina Kopp, Glad Azevedo, Igor Cotrim, Edu Planchêz, além dos convidados: Bayard Tonelli, Gean Queirós e Fernão Monteiro, o primeiro comprador deste livro cheio de ilações com desafios extemporâneos).

> ...e volto para casa
> tendo perdido o amor dela.
> E escrevo este livro.
> Jack Kerouac
> in Os Subterrâneos

...chovia. O trânsito ficou simplesmente pavoroso, com engarrafamentos que mais pareciam filas em torno da Ka'aba islâmica. Graças ao metrô, pude chegar na Oficina de Livros a xerox, na Rua do Matoso, na Tijuca (perto do boteco onde, anos atrás, se encontravam garotos: Tim Maia, Jorge Benjor e Erasmo Carlos), antes das 18 horas.

...às 19 horas, peguei a primeiríssima edição de 25 exemplares deste livro, contendo imperfeições advindas da pressa; uma revisão com 8 erros de digitação e dois versos posteriormente trocados.... e lá estava eu com o primeiro exemplar tinindo nas mãos. Tudo começou nove dias antes, à mão, na Paraíba do poeta Mané Caixa-d'Água. Da caligrafia à digitação e desta fase à paginação e formatação do protótipo: foram seis dias. Em apenas um fim de semana: *...tudo pronto!* De ponta a ponta. De cabo a rabo. 100% fora da mídia da contaminação ética dos acontecimentos desagradáveis do dia-a-dia. Era só uma notícia boa que não valia uma nota no caderno de Cultura de nenhum jornal da cidade.... no verão de 1953, Jack Kerouac envolveu-se com uma moça negra, experiência que usou para escrever Os Subterrâneos. Escrito em três dias e três noites, Os Subterrâneos foi gerado a partir do mesmo tipo de rompante inspiracional que produziu o grande clássico da geração *beatnik*: On The Road, que sempre tentei copiar, à minha moda, bem carioca, zanzando *au trottoir*. Kerouac usou três noites sucessivas de consumo de benzedrina e de escrita compulsiva. Fala-nos de amor. Conta como se apaixonou, conquistou e perdeu uma mulher, a qual viria a ser umas das mais fortes paixões da toda a sua vida.

...Kerouac teve que esperar até junho de 1958 para que tal obra pudesse ser publicada. Em homenagem ao cinqüentenário deste livro, mais para *beyond the surface* do que para *underground*, à beira de um mar muito mais caprichoso que o de San Francisco (ou Nova York, onde foi realmente escriturado), escrevi todas as poesias deste livro em 3 tardes, noites e madrugadas. Noites em que vi na TV do quarto de hotel, Mozart e sua ópera: Idomeneo, transposta para os tempos atuais (a mesma montagem, com aqueles figurinos do oriente médio

info

que suspenderam a estréia em Munique, depois que as charges dinamarquesas fizeram embaixadas inteiras incendiar). Também vi e ouvi os *rappers* da MTV no VH1. Estava na Paraíba, com uma janela aberta para o mundo globalizado. Estava ali, e o que estava acolá, estava do meu lado. Usando a tecnologia do meu tempo, demorei 9 dias para manusear meus simples primeiros exemplares. Vou revisar os erros que marquei, recompor alguns poemas e re-lançá-lo em maio: engordá-lo com mais poemas e mudar tudo que julgar necessário. No tempo em que extemporaneamente congratulo o poeta *beat* que desejei homenagear, disponho de recursos para alterar os conteúdos do que está sendo publicado como livro, *em tempo real*, enquanto o tempo passa. Mais ou menos como acontece com a poesia que anda sendo falada pela cidade: na voz, qualquer um pode editar o que está escrito e, dependendo do que acabar dizendo e sendo dito, dar vida à poesia que anda por aí, procurando esquina e calçada; caindo de nível a olhos vistos e perdendo de vez o rumo de sua estrada...

Rio de Janeiro, 2 de maio de 2008

<segunda edição>

intro

[04h50min - 22 de abril de 2008]
chegada ao Hotel Ambassador Flat, Praia de Cabo Branco, para 4 apresentações matutinas na FENART - João Pessoa, Paraíba...

...como havia dormido muito no dia anterior, o sono não me perturbou o juízo. Estava no ponto mais oriental do país, do qual Cabral e sua esquadra deve ter desviado quando, por acaso, descobriu o Brasil, 508 anos atrás. A madrugada era fresca e o nascer do sol, anunciando-se sob densas e plúmbeas nuvens, era o convite para algo como uma festa de luzes. O céu era cinza, o mar de um chumbo denso. As algas marinhas comichavam nos meus pés. O banho de mar era feito em águas mornas e foscas.

...o sol saiu no horizonte como um cometa em rota de colisão com a terra. Dissolvida na umidade, a luz do astro-rei brilhava no tom do ouro branco. Pus meu corpo boiando em cruz naquela geléia aquática, mantendo, entre as pernas, o risco luminoso vindo daquela alvorada. Logo, o sol subiu mais do que devia e se escondeu sob as nuvens arroxeadas que dominavam o teto do planeta, àquela hora mágica. Em minutos, desabou uma chuva tão fina que seus pingos pareciam flutuar indecisos antes de alcançar minha pele com sua refrescância fenomenal. Numa só manhã, tomei banho de mar, de chuva e de sol. Nem em centro espírita especializado em limpeza carmática a experiência seria tão completa e mágica.

...voltei para o hotel. Desfiz as malas como quem cata piolhos num *hippie* cabeludo. Havia cadernos com poemas que eu raramente lia, espalhados pela cama. Anotações feitas pelas ruas estavam prestes a ser reprocessadas. Tomei banho e fui o primeiro a chegar para o café. Fartura nordestina: do mugunzá ao mingau de milho. Frutas: todas. Lamentei apenas o fato de um hotel 4 estrelas não servir o local queijo de manteiga. O curau estava no ponto e a canela dava-lhe um doce tão especial quanto à especiaria que vinha da Índia para a Europa, no século 16, quando a portuguesa Escola de Sagres ainda era algo tão maravilhoso e sofisticado quanto hoje é a NASA.

Eu sabia que o telefone soaria sua buzina a qualquer momento, posto que o evento com os Voluntários da Pátria, na ocasião formado por Tico Santa Cruz, Betina Kopp, Glad Azevedo, Edu Planchêz, com os convidados Gean Queirós e Flávia Dindo (Igor Cotrim e Pedro Poeta, por razões profissionais não viajaram para esta aventura), estava marcado para as nove da manhã...

...chegamos ao gigantesco ginásio do Espaço Cultural José Lins do Rêgo por volta das oito e quinze para a primeira função daquela jornada. Vazio, o local parecia perfeito para abrigar desabrigados em caso de tragédia natural. A sujeira e o maltrato do caríssimo elefante branco destinado à cultura tinha nome: serviço público! Coisa de político, o único salário que seu titular não precisa ter especialização em nada para ganhá-lo, além de, na posse do cargo, poder opinar e legislar sobre quase tudo, gozando de imunidades jurídicas especiais e acesso à aposentadoria com apenas 4 anos de serviços prestados. Uma mamata e tanto, na qual, conforme a natureza dos acordos, pode-se empregar a família, os amigos e os ...*eleitores!* Num ambiente como este, apesar da boa-vontade de alguns,

intro

esqueceram água e café. Durante a noite, não tinham ligado o ar condicionado e o camarim, àquela hora da manhã, parecia um forno brando perfeito para assar um galináceo. Aí, desviando do caos e dando à generosidade toda a grandeza que ela dispõe, apareceu o Eri, funcionário dos mais mal pagos, que ao longo daquela semana tornou-se nosso faz-tudo: de contato com a mídia à contra-regra, carregador de bancos, colaborador atento, garçom improvisado, anjo-da-guarda...

...depois de quase três semanas baleado pelo mosquito da dengue, com complicações gástricas, febres e dores musculares, eu tinha preparado uns poemas cabeludos para recitar por lá e despachar de vez o veneno do vodu alado que tinha me espetado. Estava saindo de uma quarentena forçada, cheio de dietas e com proibições etílicas instaladas. Bastou entrar em cena para ter que dar uma guinada de mais de 180 graus nas minhas pretensões ordinárias. Para aquele horário estipulado, tinha sido convocado um público trazido por vans e ônibus fretados que lotava uma arena instalada na retaguarda da cúpula de um planetário. Foram mais de 300 pessoas na platéia, se revezando nas arquibancadas de cimento armado, todo santo dia, dos quatro programados. No meio daquela pequena multidão, o mais velho deveria estar beirando os 15 anos. A gurizada oscilava entre 4 e 10. Isso mesmo: ali, ninguém votaria nas eleições que estavam se aproximando com seus empregos disputados por bem-intencionados oportunistas, cheios de idéias marketadas para enganar otário com conversa fiada, prometendo mudar o mundo como se confeita uma torta que há de ser servida estragada. Estava ali, naquela arquibancada, delineado e esclarecido o *handicap* do desafio a ser superado nas edições diárias para as quais havíamos sido convidados: entretenimento infantil. Seara de Bozo, Carequinha e Xuxa.

Para quem topa recitar em hospício, carceragens, praças públicas, Centros Culturais, CIEPs e antros e ágoras onde os desatentos e os medíocres são mais freqüentes do que se imagina, tal jardim de infância não podia ser tratado como uma inconveniência desagradável. Tudo o que deveria acontecer sistematicamente todas as manhãs dentro do cronograma combinado seria ritualisticamente adaptado e disponibilizado como uma merenda espiritual, a ser servida num recreio especial. Em compensação, as tardes e as noites seriam livres numa cidade que nos punha à disposição, grátis como o sol no litoral, as praias mais bonitas e simpáticas deste país continental. Tanto que, no dia inaugural, além do bafafá matinal, apresentei-me, à noite, num sarau do Chacal...

...foram dias executando com prazer e entusiasmo esse plano-piloto: acordar às sete, café até às oito e show às nove. A baderna com os estudantes do ensino médio e fundamental acabava por volta do meio-dia. Almoçava-se bem: da garopa na brasa ao caldo de polvo. As ostras eram sempre frescas no quiosque Olho da Lula, apresentado pelo Flávio de Campina Grande, bem em frente à hospedaria em que nos acomodaram. As cachaças locais eram luxo à parte que eu tinha que evitar. Como toda cerveja nordestina, a espuma era rarefeita e o conteúdo açucarado esquentava em segundos; mas, como manda a mídia, as louras geladas estavam por toda parte, disponíveis para gentios de todas as idades, incentivados a encher a cara, destruir o fígado e o pâncreas (e, de quebra, fomentar uma diabete básica) por famosos sub-artistas da televisão, muitos exibindo a própria bunda em cartazes eróticos como garantia do padrão de qualidade de uma marca...

intro

...depois do expediente recreativo, era só voltar ao quarto e trabalhar os poemas que trouxera na memória ou caligrafados em cadernos que raramente eu revisitava no *stress* diário do Rio e que vinham se acumulando como trabalho atrasado. Havia um CD com inéditas músicas de Arnaldo Brandão, meu amigo e parceiro há décadas. Houve circunstâncias especiais em que atravessei a rua e levei uma prancheta para a sombra de um quiosque cercado de coqueiros: só com o mar verde à minha frente, descalço e com direito a mergulhos intermitentes naquela gelatina esmeralda, escrevia e re-escrevia idéias para futuros eventos de poesias, montagens de DVDs e performances. Tinha tempo de sobra para passar a limpo uma memória que não parava de crescer e que aguardava minha saudade para se atualizar com um mínimo de prazer...

...certa tarde, levei um legítimo *moleskine* para passear no Centro Histórico e escrevi um poema diante da estátua de cimento do poeta Mané Caixa-d'Água, personalidade local que, por conta de um mundo em que o sucesso é uma futilidade manipulada para parecer ser natural, vê impotente sua estátua correr o risco de ter o nariz arrancado por um vândalo desinteligente, numa noite de bebedeiras pardas.

...não há como negar: aqueles foram dias de fértil alegria. Havia paz ao meu redor, nenhum urgente compromisso, nada de computador, *e-mail* ou *orkut*. Os invejosos de plantão, espécie de ralé que habita um universo propício à decadência, estavam longe da minha retaguarda, por ora protegida pelo santo do cavalo branco, o guerreiro que virou santo. No cotidiano de cada um dos dias que passei naquela cidade, vivi na maior maré-mansa, literalmente de papo pro ar. O acaso tornou tudo disponível. As horas deram um tempo e o poeta resolveu me inspirar. Foi neste ritmo paradisíaco que todos os poemas deste livro foram palavra a palavra escriturados.

...por que ninguém é de ferro e preguiça boa tem que ter amor e vínculo, voltei ao Rio de Janeiro na madrugada de sexta-feira, dia 25 de abril, sem precisar comemorar a Revolução dos Cravos, de 1974 - afinal, nesta mesma data, em 1984, a emenda das Diretas Já, apesar de vencer na Câmara por 298 a 65, foi rejeitada por falta de quorum: 112 deputados faltaram. Apesar da canseira do vôo, fui ao moderno evento da Patrícia Carvalho-Oliveira (Performance 8), na Urca, às oito. Pouco depois, fui levado ao caos criativo do coletivo Filé de Peixe, na Lapa, às onze. Acabei no Arco-Íris, com as poetas Bia Provasi e Juliana Hollanda me contando como suas vidas sentimentais estavam agitadas. Fofocas básicas. Cheguei em casa às seis e, antes de pregar pestana, revisei boa parte do material que, na mochila, cochilava. Sábado, dia 26, dei início à fase da digitação do que fora abundantemente ortografado durante a estadia paraibana.

O desafio, espécie de procedimento ético-estético bem determinado, instaurava a tarefa sufi a que me dei ao luxo de, por minha vida inteira, praticar. Decidi que iria paginar, montar e publicar um livro em tempo recorde. Uma edição mínima do alfarrábio que agora você folheia. Um objeto de arte híbrido, contendo numa dimensão de dados precisos e incisos, uma série de processos mecânicos e criativos que vão muito além do território tático da poesia que a academia demarca como quem grila um terreno abandonado. Um livro que não é de arte;

intro

mas, uma obra-de-arte. Nele, teoricamente, só está visível o quadro que foi pintado e, depois, emoldurado. Quase não se repara o prego que o mantém na parede nem o martelo que o fixou lá. Pouco se argüi sobre o porquê deste objeto ser chamado e usado pelo nome que lhe foi assegurado (livro), enquanto o nu que nele desce sua escada, numa guinada, subitamente: pela escada sobe!

...a curiosidade à parte foi o incidente banal que me deu a graça de ter um título tão especial para assinar este livro. Aconteceu dia 23, dia do santo do cavalo branco, antes das sete da manhã. Eu havia virado a noite escrevendo e fui novamente ver aquele sol dar na praia. Na calçada, bem em frente ao hotel, um jovem casal estava aguardando um hóspede. Ansioso, o rapaz dizia à moça ao volante de uma Hilux 4X4: "– *Buzina aí, Nair, para eles descerem logo.*" Inconformada, a mulher recusava-se a fazer tal barulho. Iam começar uma discussão inútil, muito mais barulhenta do que a buzinada requisitada quando, independente da cena, puxada por um burrico macambúzio, passou uma carroça cheia de cocos. Ou a mulher que a conduzia também se chamava Nair ou o fato de ter apertado uma buzina de borracha negra e tubo de corneta foi executado para acalmar o impaciente. Do contraste entre a moderna caminhonete de rodas de aço cromado e a caçamba de madeira carcomida com seus pneus carecas; somado ao efeito visual da senhora desdentada e seu burrico obediente, frente a frente com a maquiada agro-burguesa ao volante do caminhão lustrado, tirei a tira que faltava ao livro que estava sendo escriturado. Aquela leve buzinada primitiva e o sorriso único de sua pacífica agente, produziram na minha vitrola cerebral uma aliteração tão divertida que, só se eu fosse um besta, desatento à minha própria vida, deixaria escapar.

Buzinaí Naïf: é chegada a hora de celebrar a poesia que ao poeta se dá...

Rio de Janeiro, 28 de abril de 2008

prefácio

O que vivi, vivi na cidade.
O gado que conheço é o gado da cidade.
Não recordo os currais e o cheiro da bosta bovina.
Mas sei os currais da cidade e preciso do cheiro da bosta citadina.
Porque tudo o que vivi, vivi na cidade.
Vivi e nela quero morrer!
A pomba piolhenta pousará na minha janela,
o olho vermelho me fitará imóvel
e um fremir de asas dará o sinal.
Desligarei a televisão, o computador e o rádio;
não chamarei o táxi, não tomarei o ônibus, não descerei ao metrô;
irei a pé pela acinzentada campina,
por entre o gado a pastar fuligem
e procurarei o matadouro no bairro muito além;
lá entregarei o martelo ao carrasco
e lhe indicarei o ponto exato do córtex;
o mesmo córtex que aqui vai ruminando esta história.
Quadrúpede aleijado, se move bípede,
pasta o campo dos amanhãs, o verde que conhece,
recalca sob os cascos os torrões de sua escória
e enquanto rumina, acha que filosofa,
e em filosofar se sonha homem,
só por haver esquinas onde balizar a esmo,
só por lá haver bares e manchas de aguardente,
só por haver vacas solitárias nas esquinas e na porta dos elevadores,
só por haver postes de luz, e cátedras para cantores,
só por haver palanques para touros e papéis com dizeres,
só por soar o mugido dos oradores aos bezerros angelicais,
pastores dessas cabeças rumo à campina celestial
e à fazenda do Infinito.

Infinita cidade, em ti quero findar!
Em ti respirei os ares da vida e calcinei os pulmões para te alcançar.
Em ti petrifiquei os olhos e engoli enxurradas de úlceras.
Em ti aprendi-me gado culto e idólatra...
E será triste perceber não haver talvez matadouros para meu tipo de gado,
ou no matadouro não estar quem dê o golpe de misericórdia,
ou o golpe de misericórdia, como o gado a reclamar,
custar tanto dinheiro!

João José de Melo Franco*

*Poema dedicado a Tavinho Paes por ocasião de seu aniversário em janeiro de 2008.

index

prefácio fácil >>>> 17
*à igreja universal do desejo de deus >>>> 18
narciso viu o lago >>>> 19
a verdade inventa o que vê >>>> 20
toda retina tem dois lados >>>> 21
retro-poema >>>> 22
quando o poema é dito >>>> 23
poema de deus >>>> 24
da alma do poema >>>> 25
ó, raios >>>> 26
o dia em que recebi o aviso >>>> 27
poema de biquíni >>>> 30
nem todo poema rima >>>> 31
o dia em que roubaram meu bobo >>>> 32
uma mão de cartas >>>> 33
simples instinto >>>> 34
saudade >>>> 35
no mar do amor >>>> 36
além do impacto >>>> 37
ciúmes à parte >>>> 38
***tua mulher é gay >>>> 39
**não ligue o gás >>>> 40
o amor num dédalo >>>> 41
aconteceu >>>> 42
amor de carnaval >>>> 43
**vem me comprar >>>> 44
aprendizado >>>> 46
tempo de pipa >>>> 47
quem ama não duvida >>>> 48
**meu ego do eu >>>> 49
hiroshima, meu amor >>>> 50
e se fosse assim? >>>> 52
...e gira a roda dos poetas >>>> 53
poesia & morte >>>> 54
adeus à morte >>>> 55
o morto-vivo >>>> 56
meu 11 de setembro >>>> 57
**007 contra moscou >>>> 58
200 anos após o iluminismo >>>> 60
que rei esperto é joão >>>> 62
**discurso idiota >>>> 65
será que a sorte é grande? >>>> 64
célula-tronco >>>> 65
por quem os muros caem >>>> 66
o pior medíocre >>>> 67
**insônia >>>> 68
a dor sempre volta >>>> 70
o poeta ficou frio >>>> 71
a aposta >>>> 72
guerra santa >>>> 73
às partes pudendas >>>> 74
serenata >>>> 75
maio de 68: o mês que nunca acabou >>>> 76
às novas ideologias >>>> 78
último poema >>>> 79

* in memoriam, para meu amigo Charles Murray
** a partir do CD com inéditas de Arnaldo Brandão
*** musicado por Glad Azevedo

torne verdade
tudo aquilo em que você acredita
invente a verdade
sempre que acreditar que ela exista
mesmo não sendo dita ou escrita

só não a queira propriedade sua
a verdade só é disponível
crua e ...nua!

ROBERTO ROSSELINI
IN CAHIERS DU CINEMA

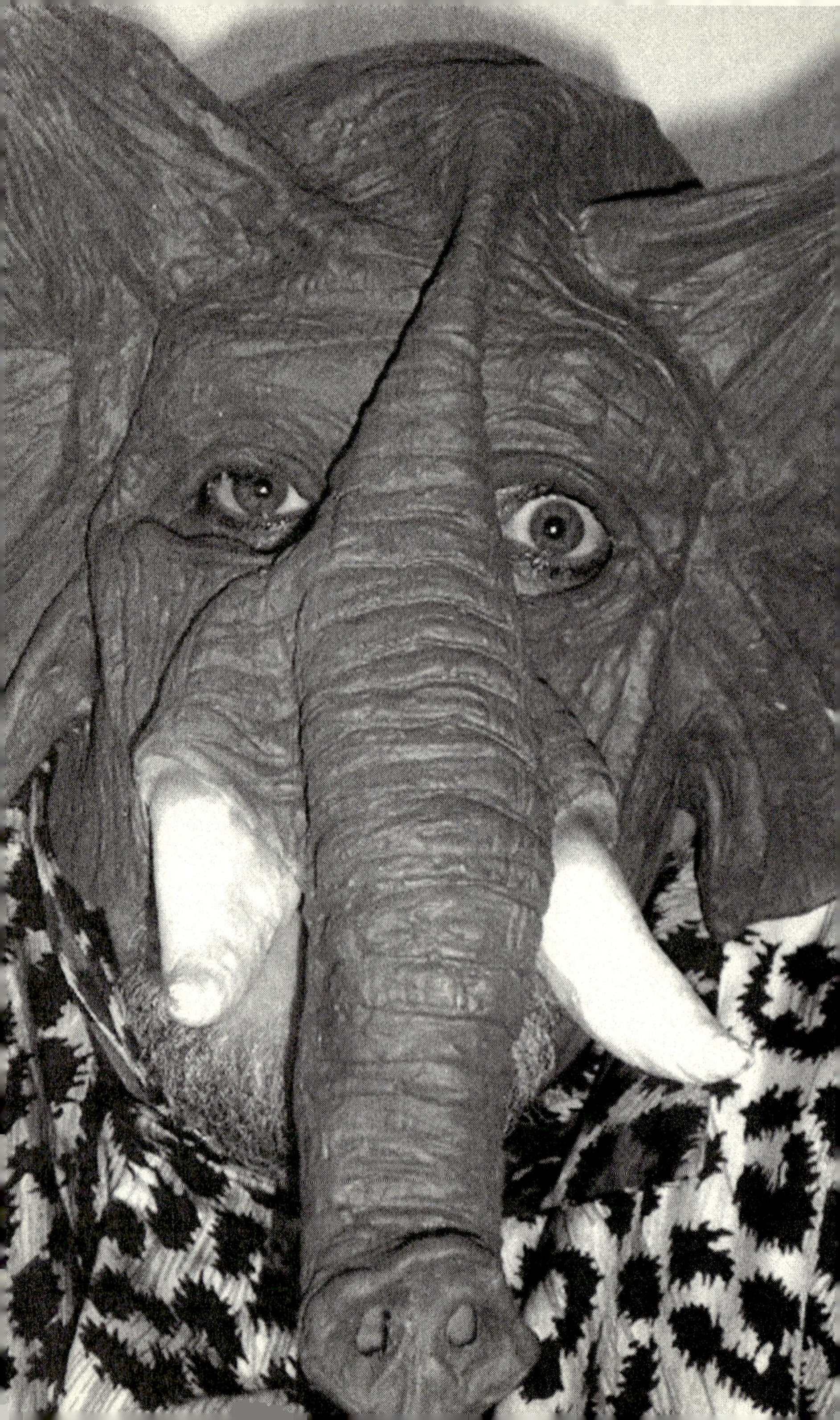

buzinaí naïf

se as noites envelhecessem,
se os meus olhos cegassem,
se os fantasmas dançam em blocos de neve
para que me ensinaste o caminho
por onde eu caminhei?

a cidade sem porta,
as ruas brancas de minha infância
que já não voltam mais..

se minha mãe se abruma,
se o mar geme,
se os mortos não voltam mais...

se as matas silenciosas não recebem visitas,
se as folhas caem,
se os navios param,
se o vento norte apagou a lanterna...

eu tinha em minhas mãos somente sonhos,
em minhas mãos, somente sonhos!

mané caixa d'água
www.neumanne.com/jorn10_memoria.htm

prefácio fácil

este é meu mais novo livro
minha perfumaria de ervas sagradas
cuja bula e a receita do remédio
curam paranóias bizarras

digamos que com ele na mão
eu esteja lentamente esmolando
níqueis na porta da igreja
oferecendo à eva: ...*maçã!*
cobrando um dízimo
em nome de uma fé pagã
que vai pagar minha cerveja
onde quer que eu esteja

decididamente: ...*estaremos no bar!*
aceite que eu esteja roubando do dono dele
um chocado chope gelado
que você vai ter que deixar de beber
em troca de meu pecado autografado
deixando de gastar com ele
parte do fígado que ele te tem estragado

eu não trago uma bíblia!
nem te ofereço soluções sacras
meu fundamentalismo não tem dogma
meus livros não usam a palavra divina
meus poemas são puras palavras cruzadas
mais mágico e profano
que um ...*abracadabra!*

este é meu mais novo livro
refogado de ego satisfeito
um evangelho velho
...*meu único amuleto!*

à igreja universal do desejo de deus

rasgam-se às lendas
histórias de tempos sem luz elétrica
que num ambiente hostil à sedução
cruzados avançados invadiram
o templo da solidão
violaram o complexo desejo de deus
ressuscitaram por completo a inquisição

manuscritos do mar vivo
úmidos como as pálpebras dos aflitos
afirmam que por trás de todo medo
ocupando a alma e o espírito
existe, em agonia e em conflito
um indelicadíssimo segredo
sobre o mais inexorável dos desejos

onde a dúvida ergue seu templo
as respostas são como vento num cata-vento
se lhe sobram contratempos
na falta de bons argumentos
nada na vida é conclusivo
tudo que muda é violento

para você se apaixonar
fique tão atento quanto distraído
tudo que for de deus
terá em seu temperamento
sua oração secular contraído

o deus que em mim contemplo
desconhece seu pior inimigo
perdoa seu maior amigo
e sabe que tudo é definitivo
quando não há mais tempo
e nada mais precisa estar perdido

narciso viu o lago

narciso
que vê narciso
quer ver adônis
na água do lago

narciso
que vê narciso
é o que vê
e o que está no lago

o lago é cego
a água é clara
o espelho é mudo
e o peixe fala
o peixe nu
nada como nada
peixe solúvel
uma imagem n'água

a verdade inventa o que vê

a verdade vê
a verdade é olho no olho
pela boca: a gente fala
fala o que quer
mas pelo olho só se vê
o que der

a verdade inteira
está no olho que vê
falando uma língua sem abc
que na íris ventosa gruda
e retina enxerga à míngua
dentro e fora dos dois lados
e que se faz ver
o que quer ser

inescrutavelmente muda
ligeiramente surda
...*a verdade muda*...
sem revelar quem ela é
sem precisar ser ou não ser
nem querer o que não quer

a verdade só vê
o que é
enquanto estiver
...*vendo!*
e tudo que não é
sob sua mira mágica
acaba sendo

toda retina tem dois lados

basta olhar as pessoas nos olhos
para que elas fiquem nuas
mesmo usando roupas da moda
desfilando no meio da rua

a retina tem dois lados
vê que o que está lá fora
e mostra o que dentro há
na fronteira da íris
cada um escolhe
o lado que há de enxergar

dependendo das roupas
vestidas
algumas pessoas feias
ficam charmosas
e bonitas

dependendo da nudez
despidas
algumas pessoas lindas
ficam tão feias
quanto vazias

os olhos que vêem
são os mesmos
que estão à vista

retro-poema

nem a poesia é uma arte
nem artista é poeta
ou será que nem todo poeta é artista
e nem toda arte é poética?
nem platônica, nem aristotélica
poesia nunca foi uma ...*técnica!*

poesia faz
o pintor escolher as tintas
o mestre-cuca reinventar o paladar
o poeta criar versos
o cantor: *cantar!*

poesia faz
o escultor ver o que vê numa pedra
o cinema: inventar outro olho
...*num olhar!*

poesia é sonho e viagem
atiça o músico a escolher notas
manda o ator encenar personagens
instiga o dançarino
a inventar movimentos selvagens
manda o guerreiro exigir da paz
...*coragem!*

poesia é tão laica quanto sagrada
tão cigarra quanto formiga
vem do fundo da alma
sendo tão nova quanto antiga
e sem nunca ter sido eterna
pode até ter sido aquela luz
que projetou a sombra do homem
no fundo de uma
...*caverna!*

quando o poema é dito

eu disse o poema
eu disse e ele também
ditos pelos não-ditos
clássicos puros malditos
em nome de deus: *amém!*

diz-se do poema
o que eu disse por ele
através do que poesia foi
no exato momento que era
algo que só foi mesmo: *...depois!*

a rima: arrima de família
trabalhou na fala
o que o falo afinado falou
o verso: controverso em vida
sem nunca ter morrido ao vivo
recitado ressuscitou

...e o poeta
profeta do mito dito
dizendo no poema: a poesia
conectou o ectoplasma
do que mudo mudou um mundo
com o silêncio sibilante dos uivos
de fantásticos fantasmas

poema de deus

fé é febre tão pessoal
que é falta de educação espiritual
perguntar se alguém a tem

se você crê em deus
é duvida que só você faz
e tira de si mesmo

se alguém mais quiser saber
você pode até explicar
e ao deus que eleger
até um nome dar

é isso que a poesia faz!

acha um nome por aí
para que tudo que existe
possa por um momento existir

seu deus não existe
se você não o possuir
nem for possuída
por sua palavra

deus só existe
como o poema
que você diz

às vezes
te ampara na dor
outras vezes
te reconhece feliz

da alma do poema

todo poema deste livro
tem sua própria alma
em versos que vestem
uma pele de papel
que pele a pele com o poeta
assimilará seu tempo
para no contratempo
alcançar a poesia
seja alegria
ou sofrimento

daí o poeta que vaga
com seu imaterial magma
vire uma anti-entediante entidade
miasma que ama o fantasma
que há na umidade
de cada lágrima

poesia é choro
que choraminga desassossego
rindo de suas mágoas
derretendo corações de gelo
dádiva que invoca o divino
e incomoda o demo
indo de deus ao diabo
como quem ganha asas de anjo
enquanto afia os chifres
e balança um rabo

ó raios

tem raio
que cai de cima
tem raio
que vem de baixo

no meio do raio
o raio está inteiro
e tem dois lados
o raio parte em dois
o que é de cima
e o que é de baixo

é certo
que o raio caia
e caído parta
o que partido
fará parte
do raio

não é mau
nem é bom
primeiro
vem a luz
depois
vem o som

tudo raia num raio
quando o raio cai
num haicai

o dia em que recebi o aviso

no dia em que recebi o aviso
as portas abriram janelas
os pavios acenderam as velas
meu amor tornou-se avulso
e como quem leva um susto
virei menino depois de adulto

o aviso veio poema
o céu desceu tempestade
e o poema encontrou o poeta
afogando-se no temporal qual profeta
cheio de visões aquáticas
úmidas de fantasias enigmáticas
informando-se de noé e sua arca

sua voz tagarelou às cegas
pedindo paz à guerra
envolvendo-me com sua luva
enquanto o vinho voltava a ser uva
e a lua eclipsava o sol

o aviso veio relampeando raio
dando luz ao trovão
piscou vaga-lume,
piou papagaio
provocou arrepio, desatino, desmaio
deu-se como uma sensação de êxtase
arvorava-se árvore criando galho

o dia em que recebi o aviso
ele soou-me gongo
saiu de minha goela grito
fragmentou silêncio e sonho
tirou-me rei de meu trono
preparou-me queda para o abismo   >>>

fiquei ali, comigo
desenganando enganos antigos
alinhando trilhos para um trem
que entrou no túnel
acenando-me seu breu pela janela
sombra, mercúrio e treva
sabiá mudo,
no escuro
deixando um rastro num deserto
onde, cego, escolhi a cruz que carrego
sem nela pregar-me a prego

o aviso veio poesia
na lua vi o sol de um meio-dia
vestígios de embriaguez nos delírios
saudades numa memória cristalina
desejos em todas as direções
a madrugada em alvorada era aurora
de um tempo perdido das horas

o aviso que me veio
e de mim se foi
deixou-me tatuado seu talho frio
foi-se com sua foice invisível
exigiu-me redobrada atenção
assustou-me com seu espantalho
deu-me lazer,
prometeu trabalho
agiu como um amigo
e se foi sem aviso

naquele dia,
daquela tarde
noite adentro varando o tempo
encontrei a vida que me leva
e amanheci em férias
num dia que valeu uma estréia

naquela noite, daquele dia
encontrei a ninfa rainha
a ciclope centopéia
a encantadora de almas e platéias
tudo mudou em minha vida
quando encontrei aquela ...idéia!
aquele aviso
travestido em poesia
poderia ter sido a morte
mas foi a vida

no dia em que o recebi
você me deu um sorriso
do sul ao norte
e diante do aviso
sangrando no corte
me senti muito forte
pra enfrentar meus vazios
foi imenso, o alívio

você era o aviso
...ufa!
...que sorte!

poema de biquíni

teve um poema
que me exigiu liberdade
entortou minha pena
acabou com a minha vaidade
criou tanto problema
que me deixou saudade

era um poema com um rabo-de-saia
daqueles que a gente adora
ver a caminho da praia
sem saia
de biquíni
disposto a praticar um crime
que por recompensa
apaga o que a gente pensa
desnorteia desgoverna desatina
arranha arregaça e rasga
toda e qualquer sentença

poema sem sentido
que só faz sentido
quando perde os sentidos
e de prazer desmaia

eu tive um poema que me foi desvario
veio quente que nem cocaína na veia
cegou-me a retina à navalha
disposto a deixar-me a ver navios
afogado
nadando na praia

nem todo poema rima

teve um outro poema
que veio de viés no contrapé
mirando miragem
acertando alvo em mulher
que nem flecha de cupido
ricocheteando na paisagem

era um poema sem estilo
meio diário de bordo
contando caso de amor
com o que do caso me recordo

rimou pobre
amor e dor
saudade e felicidade
alegria e fantasia
silêncio e cor

só fez rima rica
quando o verso ficou branco
num dodecassílabo manco
cuja prova dos nove
deu noves fora: nada

e lá se foi aquele poema de amor
cheio de rima quebrada
procurar a poesia à bangu
largado e dando xabu
até o raiar da madrugada

o dia em que roubaram meu bobo

memória reverbera
berra palavrão inocente
saudade dói e morre
com quem saudade sente

lembrança não tem hora
nem lembra de nada que for futuro
nem de tudo que ficou maduro
no tempo da hora marcada

quando roubaram meu bobo
as horas mudaram de lugar
o cronômetro parou calado
segundos se passaram
sem nem um minuto se passar

marquei com você
cheguei atrasado
tô sem pai nem mãe
de pau na mão
e ainda por cima
sou casado

na hora em que roubaram meu bobo
percebi que o amor e as horas
são antigos aliados
enquanto um ganha tempo
o outro vira passado

uma mão de cartas

bata e pegue o morto
tire um ás do naipe fatal
e feche em copas
a canastra real

daqui a pouco vai acabar o jogo
e o baralho vai pedir de volta
suas cartas

mude para um poker
aumente o ponto e aposte tudo
daqui a pouco o blefe
vai te dar de troco
a ilusão de um tesouro

na carta da tua manga
está a mulher que você ama
fazendo da tua mão vazia
um cacife de ás a dez
todo de ouros

sorte no amor
não depende de resultado de jogo
nem quem ganha num, perde no outro

quem nada aposta
não sabe nem o que está em jogo
e nessa situação
perder ou ganhar
é como escolher entre a água e o fogo
sem saber
se onde se está vivo
pode-se estar morto

simples instinto

eu pretendo te dizer: eu te amo!
por favor: não insista nem desista
minha mudez não é só timidez
não resista: me engana que eu te engano

palavras não são ditas
quando o silêncio bem dito
repete o que repito
entre um sussurro que é grito
entre ditos e não-ditos

eu te amo é o que sinto
senão: é só o que pressinto
entre a fúria e a paixão
um não que sim se diz
um lapso de ilusão
a saída do labirinto
a porta das aventuras
simples instinto
impulso e repulsa
oxigênio
...tesão!

saudade

saudade é perfume raro
cheiro de gente
para quem tem faro
sentimento que independe
de consentimento
emoção que nunca é descartável
carta que sente falta do baralho

saudade é chuva
que só chove no molhado
assunto delicado
que não dá para negociar
ninguém leva vantagem
em esquecer
de quem deve lembrar
nem com quem deve sonhar
mas, será que há alguém
que tem coragem de sonhar
com alguém que ama
...e acordar?

neste mundo existem milhões
que nunca disseram a ninguém
EU TE AMO
além de outros zilhões
que nunca ouviram isto de alguém
e mesmo assim
saudade todo mundo tem

no mar do amor

pode ser
que no mar
o amor flutue
como ondina
na espuma
da onda que quebra

quando sua onda te pega
você tem que decidir
se afunda ou se navega

conforme as ondas
e a resistência do cais
o amor do teu mar
com seu leva-e-traz
quando resolve te pegar
faz com que você
queira se afogar

independente das marés
das caravelas e das galés
vai ser nesse mar revolto
que você se encontrará
cara a cara contigo mesmo
com quem pensa que no fundo és
e com aquele netuno
que te desobedecerá

abre teu peito e ama
a sereia que lhe encantar
se ela não lhe fizer feliz
nem contigo gozar
pelo menos com ela
vê se aprende a nadar

além do impacto

como é complexo
e vai muito além do sexo
nosso pacto de amor desconexo
pergunta-se sem parar
sabe-se lá quando um de nós
terá que dizer ao outro
...adeus?
sabe-se lá
o que o outro dirá?

não fizemos um pacto
como o de romeu & julieta
nosso desafio foi a vida a dois
sem pensarmos nunca antes
no que sempre viria depois

quando a morte nos separar
depois que tudo aconteceu
mesmo assim será
dificílimo compreender
eu e você
...você e eu...

nem a morte nem o destino
saberão explicar
como tudo aconteceu
porque eu não sou você
e você nunca será como eu

foi assim que tudo
do nada aconteceu
eu e você
...você e eu...

ciúmes à parte

no mundo do sentimento
existem dois tipos
de ciumento

o que pensa que o outro
pensa nele
enquanto faz amor
com a pessoa
que ele ama
e o que pensa
que a pessoa que ama
pensa nele
quando vai com outro
pra cama

os primeiros
portam-se como paranóicos
os segundos
agem como psicopatas

se os primeiros
temem as sombras
os segundos
dependendo delas
...matam!

tua mulher é gay

amigo, eu não desejei tua mulher
não trairia a mesma confiança que lhe dei
essa fofoca é porque ela esconde um segredo
amigo velho: essa tua mulher é gay!

ela tem outra e você tem que assumir
tudo que soma sempre dá pra dividir
a tua honra em amar essa mulher
é aceitá-la do jeito que ela é

amigo, eu não fiquei com tua mulher
não sou capaz de tanta desconsideração
tô pagando o pato porque sou a bola da vez
amigo velho: a bomba explodiu na minha mão

só dei carona para ela e uma prima
baiana rica, hospedada num hotel
um cinco estrelas na praia de copacabana
com direito a café na cama
depois da lua-de-mel

vai me perdoar
mas o que é do homem, o bicho come
e mulher de um amigo meu
para mim nunca foi homem
não precisa ser viúva
nem esconder o sobrenome
mulher de amigo meu
para mim nunca foi homem*

* Versos sampleados de um poema de Pedro Bial.

não ligue o gás

se eu disser tudo que eu sinto
depois não dá mais pra esquecer
tudo que eu falei

todo amor tem seu labirinto
não entre correndo por ele
se quiser voltar de lá
mais de uma vez

ninguém pode se perdoar
se não for capaz de amar demais
e se sentir de alguém

por favor, não ligue o gás
você ainda me tem
calma nunca foi demais
com quem a gente
quer bem

se quiser me procurar
vou estar no lugar
onde você estará
você... e mais ninguém

por favor, não ligue o gás
ainda te quero bem

o amor num dédalo

se o meu amor quer ser de alguém
perde a razão
e na volta não tem volta
nem ninguém

no início
é sempre direto e pessoal
cheio de segredo e ilusão
planos e projetos se misturam
tudo vira sonho de verão

acontece
quando o impossível pode
quando o corpo explode
e, sem desperdício,
se solta
e sempre volta
ao que era no início
para evitar que a saudade
o torne impraticável
inaceitável
...difícil

mesmo que seja como um sonho
o meu amor está sempre me levando
ao encontro de alguém
e, muitas vezes,
me faz voltar de lá
...ninguém!

aconteceu

aconteceu!
dizem que foi na quarta-feira
naqueles tempos
era momo quem reinava
o carnaval já estava de saída
quando o pierrô
começou a dar risada

todo seu pranto
pela linda colombina
que o arlequim
naquela festa lhe roubou
faziam parte
do mundo das fantasias
e em dias de folia
adoçavam sua dor

nunca houve um carnaval
em que o casal não se encontrasse!
era coincidência
era o acaso
e era inevitável
que eles
...brigassem!

até que um dia
a fantasia acabou
e o pierrô da colombina
nunca mais se separou

aconteceu!
dizem que foi na quarta-feira...

amor de carnaval

onde andará meu amor no carnaval?
já é domingo e ainda não voltou para mim
fantasio caminhando sozinho na multidão
somente a lua comunga comigo essa paixão

onde andará
quem à noite faz comigo o que quer?
torço que prepare novas surpresas para mim
que me anime a estar dançando
com alguém que sempre quis
e me oriente para que eu seja mais feliz

por que será que amor tem tantas leis?
se em pleno carnaval é tentador
desligar-se da memória
permitir-se não pensar
perder as horas com os amigos
ver o tempo passar

por que será que todo sentimento tem fé
e cada meia-hora reinaugura o carnaval?
deve ser para que o carnaval
seja para toda vida do jeito que é
sem ter antes nem depois
sempre bem-vindo como for
apresentando sua festa ao povo
e cada um: ...um novo amor!

vem me comprar

vai ver se eu estou lá na esquina
vendendo a minha alma num bazar
se dou desconto ou se pago à vista
se o meu estoque está pra liquidar

bote lenha na fogueira
te cuida para não te queimar
leve muita grana na carteira
que o leilão vai começar

venha para a feira
vem me comprar
pagando meia
pode levar

me leva para casa e me ama no sofá
completando a gentileza
diga que sabe e gosta de cozinhar
bota dendê na frigideira
frita teu filé de peixe
e amole a faca pra me descascar
me estimula o apetite
me prepara o paladar
use o teu melhor tempero
deixa a pimenta queimar
adoça meu beijo com teu beijo
no almoço e no jantar
vem com sede e fome pro banquete
que a hora do lanche já vai começar

eu tenho a ver com gente fina
sou mais chique que caviar
perfumado com erva de trepadeira
sou bom para fazer besteira
e venho da falange dos oxalás

muito melhor do que morfina
fatal como estricnina
sou gilete para cocaína
droga para quem quer se drogar
dá para ver e sentir o cheiro
do que eu vendo sem cobrar
na vitrine ou no espelho
se quiser: pode pegar
me experimente
gaste a retina
aprenda a me olhar

se quiser entrar no jogo
só invista o que puder trocar
pague tudo com o troco
só perca o que quiser ganhar

podendo pagar o preço
avalie o que mereço
me vira pelo avesso
me prova
mesmo se eu te reprovar
use e abuse do meu gozo
assine o cheque
e em carne e osso
é só pedir
para me embrulhar

venha para a feira
vem me comprar
pagando meia
pode!
...pode levar!

aprendizado

estou aprendendo a ler
livros que não posso comprar

estou aprendendo a contar
dinheiro que não consigo
nem perder nem ganhar

estou aprendendo a gastar
contas que não me amam
e só me procuram para me cobrar

estou aprendendo a assinar meu nome
em cheques que nenhum banco vai me dar

estou aprendendo a comer
pratos que nenhum garçom
quer me servir num bar

estou aprendendo a beber
bebidas que não posso pagar

estou aprendendo a vestir
roupas que não cabem em mim
e que decerto usarei
em festas em que ninguém
há de me querer por lá

estou aprendendo a viver
como só a morte sabe ensinar

eu só queria aprender a bater asas
mas só querem me ensinar a voar

tempo de pipa

reinava o primeiro sol da primavera
a garotada vai botar pipa no céu
as nuvens vão ficar coloridas
com aqueles beija-flores de papel
é um tentando cortar o outro
é o outro tentando o troco
fazendo a pipa dançar
cada um de sua casa
faz da pipa sua asa
e deixa o vento levar

vou preparar minha pipa pra ela
numa linha dez, vou passar cerol
vou empiná-la do alto da favela
fazer sua rabiola
rebolar no pôr-do-sol
vou debicar bem fundo
vou cruzar com todo mundo
e ninguém vai me cortar
minha pipa colorida
é a mulher da minha vida
o meu desejo de voar

sobe...
sobe meu pião
deixa o vento te levar
leva o meu amor pro céu
e me ensina a voar

quem ama não duvida

no amor
existem certas perguntas
que resolvem tudo

o problema
é que tais perguntas
exigem respostas
que nem sempre
estamos preparados
para entender
o que elas querem dizer

o amor que não responde
geralmente
não tem perguntas a fazer
nem tempo a perder

o amor só pergunta
como pode ser
e só responde que
...se valer a pena...
perguntar se é ou não é
vale um verso num poema

no amor
existem certas respostas
que não respondem nada

tudo que se quer saber do amor
não vale uma resposta
se a pergunta estiver errada

meu ego do eu

você fez do meu pecado
um desejo que contém
um veneno concentrado
na ilusão de amar alguém

não depende do passado
nem de mais ninguém
para o meu ego apaixonado
mesmo dando tudo errado
você me faz tão bem

meu ego é seu
eu não sou ninguém
meu ego doeu
e agora diz que sou meu

minha sombra ao teu lado
não conhece a solidão
és um fato consumado
muito além da obsessão

não me sinto dominado
nem sei se me libertei
mas pro meu ego desarmado
se eu morrer apaixonado
diga que me matei

assim fica combinado
com este cego apaixonado
meu ego é seu
mesmo que o seu
esteja ocupado
isso é tudo que tenho
presente, futuro e passado

hiroshima, meu amor

os rouxinóis emudeceram
minha máscara kabuki caiu

diante dela, vacilo
meu rosto melancólico
sobressaltado com seu aspecto insólito
é um estorvo sem reflexo no espelho
enviesado num sentimento sem sentido
imerso numa mágoa do tamanho
de um bonde chamado desejo

ela era meu jasmim
seus olhos: riscos de nanquim
a pele era branca qual marfim
a boca e a língua aveludadas
fatias de atum num sashimi
fatiado num sorriso na cara

ela deve ter inspirado o cara
que inventou a porcelana
uma borboleta infantil
uma gueixa das montanhas
apaixonada como madame butterfly

até hoje entrevejo sua silhueta
nas pinceladas de um haicai
suave como chá
delicada como papel de arroz
pura como seda
passou pela minha existência
como um trem bala fora dos trilhos
foi um dropes de hortelã
refrescando minha miséria espiritual
com seu precoce jeito de mãe
aquecendo-me em seu corpo de lã
perdoando-me antes
que eu pudesse me confessar

...fugi...
corri da raia como um estúpido
numa gare de trens fumegantes
acenando para sua janela
logo que seu trem entrou no túnel

hiroshima, meu amor
perdoa a minha bomba
nunca mais fui o mesmo
depois daquela explosão
depois de usada
uma bomba não serve
para mais nada
não tem conserto
nem pode consertar o estrago que fez
uma bomba só pode ser usada uma única vez

quando lembrar de mim
e da minha desastrada explosão
tente me ver como fogos de artifício
saudando o ano do dragão
mesmo que eu tenha sido um canalha
quando lembrar de mim
me imagine como uma bolinha de sabão

cavei meu próprio túmulo
cheguei ao cúmulo de lhe fazer sofrer
com a minha maldição
mas só eu sei
que a bomba que inventei
explodiu na minha mão

e se fosse assim?

e se você me desse tudo
que eu imaginei que você me daria?

e se você fizesse por mim
todas as coisas que puder?

e se você transformasse minha vida
de cabo a rabo, da água pro vinho?

e se você me ajudasse
a realizar a maioria dos meus sonhos?

o que eu faria?
como me sentiria?

se você pagasse minhas contas
me levasse para a europa
me desse roupas
carro do ano
jóias?

e se você me desse um filho?
vem junto avó em sogra?

e se eu me apaixonar por você?
de quem seria a culpa
se é que culpa existiria?

desculpa-me
você já me deu mais do que devia

e se eu não aceitar?
o que você faria?

...e gira a roda dos poetas

...e gira a ciranda do sarau
na sala do solar
ao poema
o poeta sola
sua sinfonia afônica
sibilante na sílaba tônica
da voz rouca
que balbucia versos
numa escala pentatônica

no ninho do poema
qual passarinho
a poesia
põe seus ovos
voando à base de vinho
totalmente embriagada
pelas asas avoadas
que batem
na mesma tecla
uma palavra imantada
pelo eco das cavernas
onde bem dita como verbo
realiza sua cerimônia
simultaneamente
profana e sagrada

...e gira a roda dos poetas
no intervalo
de cada palavra
tanto o que se diz
quanto o que se fala
faz parte do mistério
que a poesia inscreve
em sua cabala

poesia & morte

quem
na poesia
procurar a verdade
vai chegar tarde
para compreender
que a vida não morre
nem junto
nem por você

a verdade
no meio dessa história
é que a poesia sabe
que só você
morrerá com você

a poesia e a morte
só se interessam
pela vida
que você souber viver
na barca de caronte
a carona é para todos
mas o passeio é para poucos

adeus à morte
para Nora Bernardes

minha amiga se foi
aquela dor que a levou
em mim doeu silêncio
da minha turma de outrora
agora, só falta eu
um a um: foram-se todos
de certa forma: bem jovens
cada um teve sua vez
deixando pra trás tudo que fez
para quem de nada se esqueceu

olho o mundo como alguém
que perdeu um trem na estação
o outono está tão cinza
que tenho saudade do verão
algo está vazio no meu olhar
falta um pedaço no meu coração

estou ficando tão sozinho
que em segredo já cultivo medo
minha sorte anda me pegando de surpresa
tanto que já não sei que amigos
são os que posso chamar de meus
minha solidão está crescendo a cada falta
me deixando tão só na multidão à minha volta
que, daqui a pouco, nem terei mais
a quem dizer ...adeus!

o morto-vivo

ontem
o cadáver esteve aqui
e ele estava vivo
vivo e frio
bebendo muito
tomando suas drogas letais
dançando à base de estimulantes
procurando amor em todo mundo
vivendo a vida que é possível
quando tudo se torna artificial
e acaba sendo normal
ver na morte um atalho
feriado para um dia de trabalho

hoje,
o defunto punk veio de volta
rever o lugar em que esteve vivo
usando suas roupas da moda
lendo seus livros e jornais
antes de cair na balada

amanhã,
o suicida gótico vai estar aqui
vendo suas fotos ficarem amarelas
seu campanário ser enfeitado com velas
seu epitáfio ser reescrito a grafite
sua sepultura será profanada
sua vida revisitada
sua lenda vai virar fetiche

para sempre,
a morte servirá de exemplo
do que se é capaz de fazer
com o próprio sofrimento
quando se está só e aflito

meu 11 de setembro

o que será que eu posso chamar
de meu 11 de setembro?
algo que mesmo vendo: não compreendo
que me surpreende e comigo não se entende
enquanto naquilo não identifico
uma novidade velha
antecipando sua visita
e quando tento recebê-la
nela me enrolo e me complico

é desejo que independe
dos meus interesses
tão interessante
quanto aquilo de que dependo
precedente aberto ao que não entendo
legítimo como um duplo suicídio
matando o que em mim morre
enquanto morro sem matar alguém
que de mim se ausenta e vai ao além

meu 11 de setembro não vê aviões
nenhum prédio nele foi derrubado
nem todo mundo morreu ao mesmo tempo
nenhum bombeiro foi soterrado
e os autores do atentado
todos numa mesma sala sentados
não se sentiram culpados
pelos aviões que não pousaram

meu 11 de setembro não é lindo
foi em 11 de setembro de 1969
que a junta militar da ditadura brasileira
editou o AI-5

007 contra moscou

comunista ainda existia
o muro de berlim estava lá
não tinha só soldado americano
nem a tropa de choque do jihad

a china era azul
mao não era tão mal
marx era o máximo
lennon não era lênin
007 era uma multinacional

o nu descia a escada
artaud era mais do que ator
tinha guerra na ásia e no araguaia
woodstock hippie ...*paz e amor!*

...*foi aí que o jogo mudou*
e virou esse toma-lá-dá-cá
os lados mudaram de lados
virados pelo avesso
sem saírem do lugar

de tempos em tempos
o mundo fica moderno
e muda a cara de seus heróis
007 hoje trabalha pra moscou
o mundo enquanto muda
manda uma mensagem secreta
e se auto-destrói

a terra ainda é azul
mesmo se o verde amarelou
até para ir para o inferno
já tem até vôo direto
pela tam e pela gol

disque 007 e diz: ...*alô!*
quem atender não vai saber
de onde você ligou
a conta já foi para o vermelho
só quem tem dinheiro
vai saber quanto pagou

...foi assim que o jogo acabou
mas 007 não pode se acabar
vai mudar de fôrma
vai se adaptar
convertido ao islão
orará para alá

disque 007 e diz: ...*alô!*
quem atender não vai saber
por que você ligou
o celular tá na cadeia
a ligação é gravada
comendo mosca
james bond
moscou

disque 007 e diz: ...*alô!*
disque direto para o número
que te numerou
mande à distância
cobrar sua culpa
ou peça desculpas ao robô
quando a promessa é pré-paga
só não agradeça o milagre
se seu crédito acabou

200 anos após o iluminismo

200 anos após o iluminismo
a luz elétrica acende e apaga
a democracia escolhe um deus
e em nome dele vai legislar
sobre um futuro antecipado
por um passado secular
onde o que pode e não pode
tem que se justificar

cuidado com a dieta
não insulte quem você comeu
não belisque uma costeleta de porco
para não ofender nenhum judeu
não faça churrasco de boi
para não hostilizar um hindu
cuidado com a cruz
a gamada não é apropriada
para pregar jesus

preste atenção no riso
para não correr o impróprio risco
de cutucar com vara curta a linha dura
dos que querem endireitar o mundo
à base de disciplina e ditadura

não faça charges nem piadas
sobre quem explode bomba em trem e avião
não desperte a egrégia fúria
dos mulás e aiatolás
que zangados, invocam o islão
senão fanáticos ficarão desembestados
incitando os que por eles se matam
quando as leis do corão são ativadas
e o vento começa a soprar
o profeta maomé vai muito além de alá

200 anos após o iluminismo
discutimos coisas tão antigas
que nem a razão mais pura
pode tentar explicar
não há razão
para que raças sejam inimigas
nem para que os deuses da vida
abençoem os que vão matar
...e se matar

200 anos após o iluminismo
o ego das pessoas se entediou
tudo que em liberdade é possível
nas trevas do novo fanatismo
um novo dilema encontrou

insatisfeito consigo
o sujeito perdeu sentido
tornando-se um primitivo
que cantando desencantou

cante como kant
o mais antigo rock'n'roll
afine a guitarra
bata na bateria
faça parte do seu show
zunindo em uníssono
junto com a maioria
cante como kant
i kant get no
...satisfaction!

que rei esperto é joão

que rei esperto foi joão
que fugiu da guerra européia
saindo à francesa da confusão

veio dar na praia dos coqueiros
e dos ventos tropicais
trouxe livros e dinheiro
teve em vida seus herdeiros
num país de canibais

conquistou a guiana francesa
e deu o troco em napoleão
trouxe de lá cana caiana
abacate e fruta-pão
fábrica de pólvora virou jardim
quando ele desarmou seu canhão
nomeando quitandeiro conde
escravagista virou visconde
posseiro virou barão

gostava de um padre preto
sujeito de dedos finos
fervorosa fé em cristo
três filhos em segredo escondidos
amigo do bispo e do sacristão
fê-lo tocar em todas as festas
fazendo de oração, seresta
encantando o rei glutão
dono de todas as galinhas
que ciscaram em seu salão
era galo de briga de rinha
que afiando esporão
dizia de si para si mesmo
que rei esperto é joão

discurso idiota

me disseram: ...fica quieto!
me pediram no escuro: ...trate de obedecer!
havia quem queria pular o muro
de repente, ele caiu
e nunca existiu
nem pra mim nem pra você

o pior é o que falam do futuro
a propaganda sabe muito bem como vender
o fim do mundo pra quem tem seguro
de vida e de morte
dizem que a sorte
é tudo que se pode ter

ninguém me paga pra que eu fique puto
a minha liberdade não precisa de uma lei
além do crime que virá do futuro
no mundo invisível
dizem que o impossível
vai acontecer

e não vai ser por falta de aviso
agora já é preciso ter que escolher
viver a vida à beira do abismo
sem saber se lá no fundo
existe um outro mundo
onde ninguém mais vai morrer

eu não sou um idiota
se o idiota for você
levo vida de artista
isca de polícia
vou botar é pra foder!

será que a sorte é grande?

nem sempre
a sorte é grande
e nem por isso
o azar torna-se maior

se a sua sorte
no jogo ou no amor
dependeu ou provocou
a desgraça de alguém
ou você roubou
a sorte deste alguém
ou estará levando para casa
uma desgraça
que alguém
perdendo
passou adiante
como o mico preto
na mão do amante
pego em flagrante
fazendo tromba de elefante
para um marido traído
que ao fim da cena
torna-se literalmente irrelevante

sorte que é sorte
é desconcertante
não tem dono
nem fabricante

só quem na vida
foi um pouco adiante
sabe que a única sorte grande
é ter uma morte elegante

célula-tronco

já pensou quanto vale a vida
para quem sabe que vai morrer?

pode ser que não seja
mas não vale
o mesmo que vale
pra quem só quer viver

não é quanto custa?
é quanto dura?
pessoas duráveis
podem ser criadas
num laboratório
onde fetos não morrem
nem matam

a célula-tronco
é humana demais
sabe que há vida na morte
e que na morte
a vida não existe mais

ressuscitai
mortos-vivos do mundo
preparem o apetite
porque a guerra vai ser santa
e muito sangue vai jorrar

santos não são sabidos
sofrem muito para se canonizar
diz-se que suas células-tronco
são o único milagre
que deles se pode confirmar

por quem os muros caem

olhai em torno de si
e assim sinta a presença de deus
observai os que lideram caminhos
e os que, liderados,
acham que os caminhos são seus

felizes devem ser
os que nem notam
a diferença
nem conhecem
o que pode nela
ser uma ofensa

ou serão estes os infelizes?
vivendo alienados os seus dias
à mercê dos reprodutores
replicantes e matrizes

gente sagaz
convivendo com o mundo na paz
sem que o mundo a incomode

gente exigente
exigindo mudanças
utopias e esperanças

gente que nunca se cansa
levando uma vida mansa
aceitando as diferenças
como os adultos
são aceitos pelas crianças

o pior medíocre

o pior medíocre
é aquele que se aproxima de você
como um morcego sedento de sangue

disfarçará sua invejosa fome
fará os mais sinceros elogios
estará a seu serviço
até usufruir do seu viço
dizendo-lhe adeus
mais envergonhado
do que satisfeito
mais óbvio
do que promíscuo

o pior medíocre
não chega a ser um canalha
ou coisa que o valha
aproxima-se como um anjo
gruda na tua carcaça como um visgo
parasitando até que tua sombra desmaia

o pior medíocre
não serve nem para inimigo
é simplesmente um mofo fofo
que quer ser seu amigo

o pior medíocre
é um hipócrita bem intencionado
um bonzinho apalermado
um apedeuta excomungável
um carrapato!

insônia

olho o relógio
fecho e abro janelas
perdido e só na cama
fetiches me incomodam
meu vício me despreza
não conheço quem me ama

a tv saiu do ar
a rádio tá um saco
a noite é um aluguel
um drink que não bebo
um livro que não leio
tigres de papel

os meus sonhos
me abandonaram
a solidão ficou estranha
você não está comigo
sinto frio no umbigo
sofrendo de insônia

tomo comprimidos
apago o abajur
me sinto um ser menor
a noite vai virada
pressinto a madrugada
e o medo do sol

ando ao léu pela sala
vasculho a geladeira
não paro de pensar
à beira do abismo
meu lar é meu hospício
aonde ninguém
vem me visitar

a casa me engoliu
o quarto me imprensou
a luz ficou no escuro
angustiado e deprimido
no maior sufoco
sou um telefone mudo

estou perdendo a calma
perdido de minha alma
transformado numa fera
atrás do amor que me deixou
do ar que me faltou
bem perto de me misturar
com tudo que me desespera

o teto desabou
o céu caiu no chão
começo a enlouquecer
nem mesmo o suicídio
resolve o meu problema
não sei o que fazer!

só sei que os meus sonhos
...me abandonaram
a solidão ficou estranha

você não está comigo
sinto frio no umbigo
...estou sofrendo de insônia!

a dor sempre volta

se for o caso... sofra!
procure chorar... alivia!

esteja sempre alerta
para não ser tentado
a planejar uma vingança
que longe de ser uma solução
pode voltar-se contra você
a qualquer momento
atingi-lo mortalmente
através do pensamento
com a maior das dores
e o pior dos tormentos

...o arrependimento

o poeta ficou frio

o poeta iluminado
não é mais iluminista
nem em nome da justiça
prega a universalidade da lei
equânime e sem protecionismos
esbofeteando despotismos diz: ...amém!

o poeta orgânico
gestado em meio à luta
disputando poder nas batalhas
não permite mais às palavras
servirem-se à vontade de seus versos
universalizou-se
sabe que a verdade é uma luz igual
a que vem no sol e se faz brilhar
e que tanto mata quanto vida dá

o poeta atual
não quer mais saber de futuro
e suas anunciadas desilusões
de fim de mundo
basta-lhe que sua poesia
escreva-se a grafite no muro
e que todo muro venha abaixo
quando seus versos recitados
tanto pelos tagarelas quanto pelos mudos
forem escutados pelos surdos

o poeta ficou frio
depois que duvidou
de tudo que fosse absurdo
até compreender
que foi ele quem mudou
quando mudou-se desse mundo

a aposta

nunca aposte sua cabeça
com o diabo
você pode viver
uma história extraordinária
de amor

pode encontrar felicidade no crime
descobrir afeto no ódio
não acordar de um pesadelo
sentir muita raiva de amigos
provocar os inimigos
sair de si
e voltar outro
sem espírito
solitário
morto
só

guerra santa

meu problema com você
não é pessoal
nem politicamente incorreto

nada temos nada a ver
com incompatibilidades zodiacais
nossas igrejas não são dependentes
nossos espíritos não se complementam
nossas vidas não são iguais

o seu deus não me faz milagres
nem o meu, sua fé merece
leve daqui sua alma e seu corpo
vê se me esquece

viva e morra bem longe de mim
não se enterre no mesmo cemitério que eu
não seja amigo nem inimigo
nem divida comigo o que é seu

simplesmente não me encontre
pelo destino que a vida lhe levar
saia já do meu caminho
guarde seus conselhos
não deseje me salvar

não traga seu verão
para esquentar meu inverno
olhe para as estrelas
e perceba que nada é eterno
o céu que te protege
para mim é o inferno

às partes pudendas

entre o umbigo e as coxas
alguns guardam um bufo segredo

outros, cheios de zelo
colam lá um selo
e cicatrizam cortes
lanhados em desespero

também há quem
naquela parte saliente
arma uma armadilha
sagaz e quente

neste mundo casto e renitente
para a surpresa de muita gente
aumentou muito o número daqueles
que naquele vão úmido
e de paisagem divertida
alimentam e segregam
a única chance
de sustentar suas vidas!

serenata

absolutamente de quatro por você
não posso te esquecer
exijo você de volta
e sua vida ao meu lado

ultrapassemos nossos limites
já que ultrapassados por eles
somos dois fracassados
cada um ao seu modo
cada qual com seu passado

pode chamar de orgulho bobo
esse meu pedido de socorro
expresso como um grito de agonia
nesta serenata fria
que canto
enquanto sofrendo morro

morro de amores por você
sem sequer poder te dizer
que tudo que eu quero de ti
é o fogo do teu jogo

só assim acabo de vez
com esse sufoco

só assim resgato em mim
o que sempre fui
deixando de ser
este incomodo estorvo

só assim recuperarei o fôlego
de volta à tona de meu íntimo abismo
até que por amor
me deixe afogar de novo

pixaram no muro as palavras de ordem... as barricadas nas ruas impuseram a desordem... a baderna era assim: motim e estopim... valia tanto para você, quanto para mim e lia-se a toda parte: é proibido proibir!... até que tudo fosse apagado e tudo que era proibido fosse proibido de existir

    hoje, é proibido proibir que alguém roube quando está no poder... é proibido proibir que um candidato minta ao eleitorado... é proibido proibir que alguém cometa um pecado... é proibido proibir que o certo acerte mesmo quando estiver redondamente errado... só quem é vivo grita viva! comemorando dia de finados

    hoje, o muro caiu com todos aqueles recados... caiu até para quem pulou por cima e para quem ficou emparedado... caiu para quem viveu em cima dele, toda hora trocando de lado... hoje, não tem mais ditadura: nem militar nem do proletariado... 2008 ainda nem acabou e o muro já está todo grafitado... cheio de nomes e palavras que ninguém consegue ler, que alguém escreve como se estivesse despreocupado... recodificando tudo que foi descodificado... complicando o que já foi complicado

    quer saber? acabou-se o mistério... ninguém é sério nem leva nada a sério... a liberdade é tanta que não tem mais nem sujeito nem critério... quem não tem onde cair morto, que trate de babar o ovo dos donos do cemitério está tudo pelo avesso virado... é tanta notícia ruim que ninguém mais quer ser informado... se só otário se mantém honesto em terra de safado, com o apocalipse eminente mandando no noticiário, prevendo desgraças para tudo que era engraçado, só tem futuro quem não olhar para o passado... é, mano: é daqui pra frente, sem intinerário e, se possível no sentido anti-horário... mesmo que se bata com a cara na parede, não há mais muro que não possa ser derrubado... o que estava escrito no muro que caiu foi com ele demolido e apagado... sexo ficou tão livre que gozar não é mais a solução

o elo foi perdido... se liga na missão: a esquerda mudou de lado e o tráfego mudou de mão... não dá mais para escolher entre ser ou não ser, nem entre viver ou morrer, ou pagar ou dever, ou atacar ou defender... tente ser feliz, nem que para isso tenha que sofrer... hoje, o papo é reto e pode até ser furado... tudo está corrompido e ninguém é culpado... ninguém mais se comove: 68 acabou em 69 e você aprove ou não aprove: *make war, don't make love*... o pavio está aceso: joga essa garrafa longe senão vai ser na sua mão que explodirá o molotov

se liga, malandro: esse papo está sendo fiado... tá na cara que é conselho que se dá sem que seu preço seja pago... se toque... se livre da hipocrisia e acabe com tanta agonia, na maior alegria... esqueça todas as utopias e como se fosse a última entre as últimas ousadias... te alinha pondo na cara um sorriso forçado e dando-se por satisfeito por ter sido por deus agraciado... leia em silêncio o último recado que se escreveu naquele muro que foi derrubado... *sorria: você está sendo filmado!*

às novas ideologias

sou comunista!
disse com rebeldia
o jovem revolucionário pós-guerra fria

sendo o que ninguém mais é
atraiu atenção dos quietos
desaforado como um guevara
do tempo das utopias

com a fúria sob controle
bebe cerveja e esbraveja
sua insólita ideologia
seus nervos ainda são fortes
sua vida ainda não inveja a morte
sua indignação chega a ser tardia

mal sabe o que lhe espera
sabendo tudo que lhe desafia
não sente ira nem fadiga
tem energia para topar a briga

tudo é uma descoberta
futuro e passado são tão recentes
todas as portas estão entreabertas
provocando sua coragem inocente
contra quem não se ressente
nem entra em alerta

age como um guerreiro
mais baderneiro do que coerente
experimenta idéias tão intensas
que, em frenesi, nem percebe
que tudo que seu ego deseja
é ser uma novidade imensa
induzindo-o à crença
de que, na sua idade,
sua cabeça só faz a diferença
...enquanto pensa!

último poema

na falta das utopias
um livro
um filme
ou o teatro

na falta das ideologias
uma idéia
ou uma filosofia

na falta da doutrina
a poesia

...só a poesia

Acabou-se de imprimir
aos 30 de novembro de 2008,
na cidade do Rio de Janeiro,
nas oficinas da Imprinta Express
especialmente para Ibis Libris.
O texto foi composto em AGaramond Pro.
O papel usado para o miolo foi
Pólen Bold 90 g/m2
e o da capa, Cartão 250 g/m2.